AF330696

PETIT RECUEIL

GRADUÉ

DE POÉSIES

A L'USAGE

DES JEUNES ENFANTS DES ÉCOLES PRIMAIRES

PAR

J. AMAR.

Orner la mémoire.
Former le cœur.

DEUXIÈME ÉDITION
Corrigée et augmentée de six poésies.

TOULOUSE,
SOCIÉTÉ DES LIVRES RELIGIEUX,
DÉPÔT : RUE ROMIGUIÈRES, 7.

1874

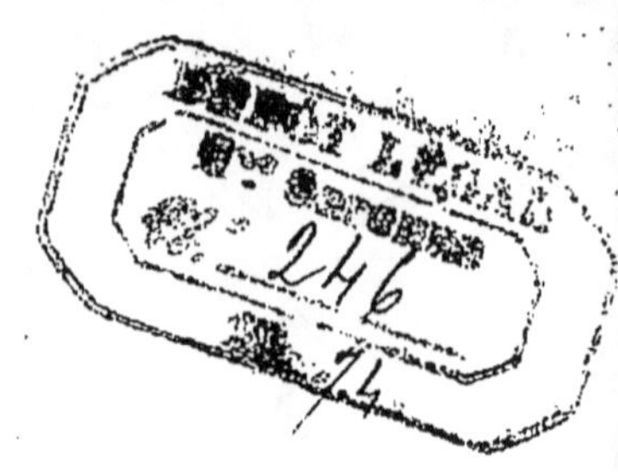

PETIT RECUEIL

GRADUÉ

DE POÉSIES.

PUBLIÉ PAR LA SOCIÉTÉ DES LIVRES RELIGIEUX DE
TOULOUSE.

TOULOUSE. IMPRIMERIE A. CHAUVIN ET FILS, RUE DES SALENQUES, 28.

PETIT RECUEIL

GRADUÉ

DE POÉSIES

A L'USAGE

DES JEUNES ENFANTS DES ÉCOLES PRIMAIRES

PAR

J. AMAR.

Orner la mémoire,
Former le cœur.

DEUXIÈME ÉDITION

Corrigée et augmentée de six morceaux.

TOULOUSE,

SOCIÉTÉ DES LIVRES RELIGIEUX,

DÉPÔT : RUE ROMIGUIÈRES, 7.

—

1874

PETIT RECUEIL

GRADUÉ

DE POÉSIES.

1. DIEU.

C'est Dieu qui fit le monde, et la terre et les cieux.
C'est lui qui nous a faits, nous sommes sous ses yeux.
C'est lui qui chaque jour soutient notre existence.
Comment payer ses dons? Par la reconnaissance.

Morel de Vindé.

2. LES PARENTS.

Des soins que vos parents vous donnent chaque jour,
Que votre attachement soit une récompense.
Qu'ils doivent vos efforts et votre obéissance
Moins aux lois du devoir qu'à celles de l'amour.

Corneille.

3. LES FRÈRES ET LES SŒURS.

Combien on doit aimer ses frères et ses sœurs !
Que ces liens sont doux ! Ensemble dès l'enfance,
Unis par les devoirs, unis par la naissance,
Où trouver des amis et plus sûrs et meilleurs ?

Morel de Vindé.

4. LES MAÎTRES.

Aimez et respectez tous ces maîtres si bons,
Qui veulent bien sans cesse instruire votre enfance.
Que de peines, de soins ! Ah ! pour leur récompense,
Mettez bien à profit leurs utiles leçons.

Morel de Vindé.

5. LES PAUVRES.

Ne dites jamais : A demain,
Pour adoucir une blessure ;
Donnez aux pauvres du chemin,
Donnez sans compter ; Dieu mesure.

H. Chevreau.

6. LA POLITESSE.

La politesse est à l'esprit
Ce que la grâce est au visage ;
De la bonté du cœur elle est la douce image,
Et c'est la bonté qu'on chérit.

VOLTAIRE.

7. LA PROPRETÉ.

Ce qui peut conserver le plus notre santé,
Ce qui nous sied bien mieux qu'une grande parure,
Ce qu'aisément chacun tous les jours se procure,
C'est, à tout âge, enfants, l'extrême propreté.

MOREL DE VINDÉ.

8. LE TRAVAIL.

N'aimez point le plaisir avec un fol excès,
Et que l'amour du jeu jamais ne vous emporte :
Que l'ardeur du travail soit chez vous la plus forte.
Le devoir avant tout, et le plaisir après.

FLEURY.

9. L'ATTENTION.

Veut-on que du travail la peine soit légère,
Il faut être attentif, et ne point se distraire.
Pour faire avec aisance un ouvrage parfait,
Il ne faut s'occuper que de ce que l'on fait.

RACINE.

10. LE TEMPS.

Un an de plus sur notre tête
Nous impose un devoir de plus :
Hâtons-nous d'acquérir et talents et vertus,
Car le temps n'attend pas et jamais ne s'arrête.

FLEURY.

11. LE TRAVAIL REND HEUREUX.

Ne vous laissez jamais aller à la paresse :
Faites tous vos devoirs avec la même ardeur.
Le dégoût suit toujours l'indolente mollesse ;
La peine surmontée augmente le bonheur.

MOREL DE VINDÉ.

12. LE SILENCE.

Ne parler qu'à propos
Est un rare et grand avantage :
Le silence est l'esprit des sots
Et l'une des vertus du sage.

BONNARD.

13. LE MENSONGE.

Evitez le mensonge avec un soin extrême ;
Si l'on remarque en vous peu de sincérité,
L'on ne vous croira plus, lors même
Que vous direz la vérité.

14. LA RÉCONCILIATION.

Deux enfants, deux amis ont-ils une dispute,
J'entends dire à chacun que l'autre a commencé.
Eh bien ! que ton orgueil lui cède et s'exécute ;
De te raccommoder, toi, sois le plus pressé.

MOREL DE VINDÉ.

15. L'HUMEUR.

Point d'humeur, mes enfants, et point de repartie :
Lorsque l'on vous punit pour vous rendre meilleurs,
On le fait à regret ; on ressent vos douleurs ;
Et vous devez chérir la main qui vous châtie.

Morel de Vindé.

16. LA RENONCULE.

La renoncule un jour dans un bouquet
Avec l'œillet se trouva réunie :
Elle eut le lendemain le parfum de l'œillet.
On ne peut que gagner en bonne compagnie.

Bérenger.

17. LA VIGNE ET L'ORMEAU.

La vigne devenait stérile,
Dépérissant faute d'appui ;
Un ormeau lui servit d'asile :
« Si par moi, » disait-il, « je ne porte aucun fruit,
Je soutiendrai, du moins, une plante fertile. »

Anonyme.

18. LA VIPÈRE ET LA SANGSUE.

« Nous piquons toutes deux, ma commère, »
A la sangsue un jour disait une vipère ;
« Et l'homme cependant te recherche et me fuit ;
D'où vient cela? — D'où vient? réplique la sangsue,
   C'est que ta piqûre le tue,
   Et que la mienne le guérit. »

LE BAILLY.

19. LE PAPILLON ET L'ABEILLE.

   — S'il fait beau temps,
Disait un papillon volage,
   S'il fait beau temps,
J'irai folâtrer dans les champs.
   — Et moi, lui dit l'abeille sage,
J'aurai plus d'ardeur à l'ouvrage,
   S'il fait beau temps.

ANONYME.

20. L'ARAIGNÉE ET LE VER A SOIE.

L'araignée en ces mots raillait le ver à soie :
« Bon Dieu, que de lenteur dans tout ce que tu fais !
Vois combien peu de temps j'emploie
A tapisser un mur d'innombrables filets,

— Soit, répondit le ver; mais ta toile est fragile,
    Et puis, à quoi sert-elle? à rien.
    Pour moi, mon travail est utile :
    Si je fais peu, je le fais bien. »

Le Bailly.

21. L'ORANGE.

Un jeune enfant mordait dans une orange :
    « Oh! » s'écria-t-il en courroux,
« Le maudit fruit! Se peut-il qu'on le mange!
Comme il est aigre! On le prétend si doux!
— Faux jugement, lui répondit son père;
    Otez cette écorce légère,
    Vous reviendrez de votre erreur. »
Ne jugeons pas toujours sur un dehors trompeur.

22. LA VENGEANCE.

Si quelqu'un nous blesse et nous nuit,
    Quelque grande que soit l'offense,
    Laissons l'espace d'une nuit
    Entre l'injure et la vengeance :
    L'aurore à nos yeux rend moins noir
    Le mal qu'on nous a fait la veille;
    Et tel qui s'est vengé le soir
    En est fâché lorsqu'il s'éveille.

Panard.

23. LE TRAVAIL ET L'OISIVETÉ.

Comme la bienfaisante pluie
Féconde la terre en été,
Dieu fit, pour féconder la vie,
Le travail et l'activité.
Ne laissons pas d'heure inutile ;
Songeons que la paille stérile
Est foulée aux pieds du glaneur ;
Puissent s'amasser nos journées
Comme les gerbes moissonnées
Dans le grenier du laboureur !

Mme A. TASTU.

24. LA BONNE ET L'ENFANT.

LA BONNE.

Où donc est Dieu, cher ange ?
Dis-le moi,
Et ma plus belle orange,
Si tu devines, est à toi.

L'ENFANT.

Et ma blanche couronne
De lilas,
Elle est à toi, ma bonne,
Si tu me dis où Dieu n'est pas.

FR. CH.

25 L'ORPHELIN.

Où sont, mon Dieu, ceux qui devraient sur terre
      Guider mes pas ?
Tous les enfants ont un père, une mère ;
      Je n'en ai pas.
Mais une voix murmure à mon oreille :
      « Lève les yeux ;
Pour l'orphelin un père est là qui veille
      Du haut des cieux. »

Mme A. TASTU.

26. LE HOUX.

Par le houx épineux un jeune enfant blessé,
A son père en pleurant racontait sa disgrâce :
« Ce maudit arbrisseau, de dards tout hérissé,
Dans ce joli bosquet devrait-il trouver place ?
      A quoi sert-il ? A piquer les passants !
— A donner quelquefois des leçons de prudence ;
A vous prouver, mon fils, par votre expérience,
      Qu'il faut s'éloigner des méchants. »

BRESSIER.

27. LE TORRENT ET LE RUISSEAU

Un torrent furieux, dans sa course rapide,
    Insultait un ruisseau timide
    .Dont l'onde arrosait un verger.
« Va, » lui dit le ruisseau, « sois fier de l'avantage
D'offrir à chaque pas quelque nouveau danger.
Je serais bien fâché d'avoir pour mon partage
    L'honneur cruel que tu poursuis :
    Tu t'annonces par le ravage,
    Moi, par les biens que je produis. »

RICHARD-MARTELLI.

28. LE RUISSEAU.

    « Où va le volume d'eau
    Que roule ainsi ce ruisseau ? »
    Dit un enfant à sa mère ;
    « Sur cette rive si chère
    Dont nous le voyons partir,
    Le verrons-nous revenir ?
    — Non, mon fils, loin de sa source
    Ce ruisseau fuit pour toujours,
    Et cette onde, dans sa course,
    Est l'image de nos jours. »

Mme A. TASTU.

29. CONSEILS A UN ENFANT.

Oh ! bien loin de la voie
Où marche le pécheur,
Chemine où Dieu t'envoie ;
Enfant ! garde ta joie ;
Lis ! garde ta blancheur.

Sois humble ; que t'importe
Le riche et le puissant !
Un souffle les emporte ;
La force la plus forte
Est un cœur innocent.

V. Hugo.

30. LE PINSON ET LA PIE.

« Apprends-moi donc une chanson,
Demandait la bavarde pie
A l'agréable et gai pinson
Qui chantait au printemps sur l'épine fleurie.
— Allez, vous vous moquez, ma mie ;
A gens de votre espèce, ah ! je gagerais bien
Que jamais on n'apprendra rien.
— Hé quoi ! la raison, je te prie ?
— Mais c'est que pour s'instruire et savoir bien chanter,
Il faudrait savoir écouter,
Et babillard n'écoute de sa vie. »

Mme DE LA Féraudière.

31. LA BIBLE.

Pose ton dé, ton aiguille,
Et viens t'asseoir près de moi ;
Prends ce gros livre, ma fille,
Je veux le lire avec toi.

Ce n'est point un livre d'homme
Qu'à connaître on gagne peu :
C'est la Bible qu'on le nomme,
Et c'est le livre de Dieu.

C'est là que Dieu nous enseigne
A l'aimer, à le servir,
Comment il veut qu'on le craigne,
Comment il faut obéir.

L. Tournier.

32. LA GUENON (1), LE SINGE ET LA NOIX.

Une jeune guenon cueillit
Une noix dans sa coque verte ;
Elle y porte la dent, fait la grimace... « Ah ! certe, »
Dit-elle, « ma mère mentit
Quand elle m'assura que les noix étaient bonnes.

(1) Guenon, femelle du singe.

Puis, croyez aux discours de ces vieilles personnes
Qui trompent la jeunesse ! Au diable soit le fruit ! »
Elle jette la noix. Un singe la ramasse,
    Vite entre deux cailloux la casse,
    L'épluche, la mange et lui dit :
    « Votre mère eut raison, ma mie :
Les noix ont fort bon goût ; mais il faut les ouvrir.
    Souvenez-vous que, dans la vie,
Sans un peu de travail on n'a point de plaisir. »

Florian.

33. L'ENFANT ET LE PETIT ÉCU.

    Possesseur d'un petit écu,
Un enfant se croyait le plus riche du monde.
Le voilà qui fait voir ce trésor à la ronde,
    En criant gaîment : « J'ai bien lu ! »
    — A merveille, lui dit un sage ;
C'est le prix du savoir que vous avez reçu,
Du savoir tel qu'on peut le montrer à votre âge ;
Mais voulez-vous encore être heureux davantage ?
Aspirez, mon enfant, au prix de la vertu :
Vous l'aurez, quand des biens vous saurez faire usage. »
    L'enfant entendit ce langage :
L'écu, d'après son cœur et sensible et bien né,
A rapporter le double est soudain destiné :
    Avec le pauvre il le partage.

Aubert.

34. L'ÉPI DE BLÉ.

Un laboureur et sa jeune compagne
Avec leur fils parcouraient la campagne
    A l'approche de la moisson ;
Ces beaux épis qui doraient leur sillon
Réjouissaient leur cœur d'une douce espérance :
    « Ah ! papa ! » s'écria l'enfant,
    « Voilà l'épi par excellence !
    Regarde-le, comme il est grand !
— Tu te trompes, mon fils, lui répondit le père ;
Ce qu'il faut admirer, c'est cet épi si plein,
    Modestement se courbant vers la terre ;
        Le fol épi, vide de grain,
        S'élève toujours d'un air leste :
    C'est l'usage d'un homme vain ;
        Mais voici la vertu modeste. »

35. PRIÈRE D'UN ENFANT.

Notre Père des cieux, Père de tout le monde,
De tes petits enfants, oh ! c'est toi qui prends soin ;
Mais à tant de bontés tu veux que l'on réponde,
Et qu'on demande aussi, dans une foi profonde,
    Les choses dont on a besoin.

Je tiens tout de ta main : la vie et la lumière,
Le blé qui fait le pain, les fleurs que j'aime à voir,
Et mon père et ma mère, et ma famille entière ;

Mais je n'ai rien pour toi, mon Dieu, que la prière
    Que je te dis matin et soir.

Notre père des cieux, bénis donc ma jeunesse ;
Pour mes parents chéris je te prie avec foi ;
Afin qu'ils soient heureux, donne-moi la sagesse,
Et fais que leur enfant les contente sans cesse
    Pour être aimé d'eux et de toi.

Mme A. TASTU.

36. LE MOINEAU ET LA TOURTERELLE.

LE MOINEAU.

Comment se fait-il donc, ma sœur,
Que l'on t'aime, qu'on me rejette ;
Que l'on t'accueille avec douceur,
Qu'avec humeur on me maltraite ?
Cependant, je suis plus adroit,
Je puis, par mainte gentillesse,
Charmer le maître et la maîtresse ;
J'ai cent fois plus d'esprit que toi.

LA TOURTERELLE.

C'est, mon frère, qu'on vous accuse
D'être un gourmand, d'être un voleur :
Vous prenez ce qu'on vous refuse,
Moi, ce qu'on m'offre de bon cœur.

Vous avez plus d'esprit, mon frère,
Plus d'adresse, plus de savoir ;
Mais lorsqu'on l'emploie à mal faire,
Il vaudrait mieux n'en pas avoir.

GRENUS.

37. LA MOUCHE.

Vole, vole, petite mouche,
Sur mes doigts ne te pose pas ;
Car, si par malheur je te touche,
Là ! je le crains tu périras.
    Un plaisir cruel
    Offense le ciel ;
    Et l'on nous a dit,
    Que Dieu l'interdit.
Ce bon Dieu, si puissant, si tendre,
Créa la mouche ainsi que moi ;
De sa main elle peut attendre
La nourriture sans effroi.
    Oh ! que les enfants
    Ne soient pas méchants !
    Dieu les aimera.
    Et les bénira.

38. CHARLOT ET L'ABEILLE.

Un jour, Charlot, par hasard,
Se voit piqué d'une abeille :

« Attendez, » dit le gaillard,
« Je vous rendrai la pareille. »

Il menace en son courroux
De se venger tout à l'heure ;
Et de sable et de cailloux
Il bombarde leur demeure.

Mais les mouches, dès l'instant,
Pour leur commune défense,
Toutes sur lui se jetant,
Punissent sa violence.

« Bon ! je n'y serai plus pris, »
Dit Charlot plein de piqûres.
« Vos aiguillons m'ont appris
A pardonner les injures. »

39. L'ENFANT ET LES FLEURS.

Dans une riante prairie
Un jeune enfant jouait parmi les fleurs ;
Attiré par l'éclat de leurs vives couleurs,
D'en cueillir un bouquet il lui prit fantaisie.
« Redoutez de ces bords les attraits dangereux, »
  Lui dit quelqu'un du voisinage,
« Ces gazons sont remplis d'insectes venimeux. »
L'enfant n'en tient pas compte, il poursuit ; à cet âge
  On entend rarement raison ;

Mais en glissant sa main près d'une violette,
D'une couleuvre il sent la piqûre secrète
Qui l'infecte de son poison.
L'enfant, que la douleur éveille,
Apprit à ses dépens qu'il en coûte parfois,
Lorsqu'aux sages avis on fait la sourde oreille,
Et que du plaisir seul on écoute la voix.

GRENUS.

40. SOUHAIT DE BONNE ANNÉE D'UN JEUNE ENFANT.

Que cette année
Par toi donnée,
Seigneur,
Porte à mon père,
Porte à ma mère
Bonheur !

Dès mon jeune âge,
Rends-moi bien sage
Toujours !
Compte toi-même
A ceux que j'aime
Longs jours.

P.-T. GONTARD.

41. LA PETITE FILLE BIENFAISANTE.

La jeune Rosine à l'école
S'en allait gaîment un matin ;
Un vieillard que la faim désole,
Se présente sur son chemin.

« Oh ! » lui dit-il, « chère petite,
Un liard pour acheter du pain ! »
Elle ouvre sa bourse bien vite ;
Mais point d'argent ! Ah ! quel chagrin !

Que fait Rosine ? Bonne et sage,
Rosine montre alors son cœur,
Prend son déjeuner, le partage
Avec l'homme dans la douleur.

« Tenez, vieillard ; je vous soulage, »
Dit-elle, « autant que je le peux !
J'en voudrais avoir davantage,
Car vous êtes bien malheureux. »

Puis, elle poursuivit sa route,
L'air joyeux et le cœur content ;
Tout bas elle disait sans doute :
« Comme un bienfait est doux, pourtant ! »

42. LA BREBIS ET LE CHIEN.

La brebis et le chien, de tous les temps amis,
Se racontaient un jour leur vie infortunée.
« Ah ! » disait la brebis, « je pleure et je frémis
Quand je songe aux malheurs de notre destinée.
Toi, l'esclave de l'homme, adorant des ingrats,
    Toujours soumis, tendre et fidèle,
    Tu reçois, pour prix de ton zèle,
    Des coups et souvent le trépas.
    Moi, qui tous les ans les habille,
Qui leur donne du lait et qui fume leurs champs,
Je vois chaque matin quelqu'un de ma famille
    Assassiné par ces méchants.
Leurs confrères les loups dévorent ce qui reste.
    Victimes de ces inhumains,
Travailler pour eux seuls et mourir par leurs mains,
    Voilà notre destin funeste !
— Il est vrai, dit le chien; mais crois-tu plus heureux
    Les auteurs de notre misère ?
    Va, ma sœur, il vaut encor mieux
    Souffrir le mal que de le faire. »

FLORIAN.

43. LE PETIT ENFANT.

Pour le bon Dieu que puis-je faire ?
Je suis si petit, si petit !

Voici ce que mon cœur me dit :
J'aimerai bien ma bonne mère !
Je puis l'aimer, quoique petit.

Pour Dieu que puis-je faire encore ?
Puisque c'est Dieu qui nous bénit,
Je prierai bien, près de mon lit,
Ce bon Dieu que ma mère adore :
On peut prier, quoique petit.

Et puis-je faire davantage ?
A l'école où l'on me conduit,
Attentif à tout ce qu'on dit,
Je m'efforcerai d'être sage :
On peut l'être, quoique petit.

Et quoi d'autre enfin ? — Si ma mère
Me réprimande ou m'avertit,
J'y veillerai, quoique petit,
Pour corriger mon caractère :
C'est comme cela qu'on grandit !

L. TOURNIER.

44. LA MAMAN.

A qui devons-nous la naissance ?
Qui donne à notre frêle enfance
Son doux et premier aliment ?
    C'est la maman.

Bien avant nous qui donc s'éveille ?
Bien après nous quel ange veille,
Penché sur notre front dormant?
    C'est la maman.

Qui nous fit dire la prière
Au bon Dieu qui fit la lumière,
Et la terre et le firmament?
    C'est la maman.

A nous rendre sage qui pense?
Qui jouit de la récompense
Et s'afflige du châtiment?
    C'est la maman.

Ainsi, qui devons-nous sans cesse
Bénir pendant notre jeunesse,
Chérir jusqu'au dernier moment?
    C'est la maman.

Mme A. Tastu.

45. L'HIRONDELLE.

« Où va ce petit oiseau
Quand il quitte le hameau ? »
Disait un fils à sa mère.
« Va-t-il en terre étrangère
Chercher un toit plus béni
Pour y suspendre son nid?

Pourquoi, dans cette saison,
Quitte-t-il notre maison ? »

— « Mon enfant, » reprit la mère,
« Regarde vers ces grands bois ;
Leurs feuilles jonchent la terre :
Les oiseaux n'ont plus de voix.
Dans l'air plus de doux murmure,
Plus de chants mélodieux ;
C'est le deuil de la nature :
Vois, tout est mort sous nos cieux !
Voilà pourquoi l'hirondelle,
Quand tout meurt autour de nous,
Au loin fuit à tire d'aile,
Pour chercher des cieux plus doux. »

De notre vie, enfant, l'hirondelle est l'image :
Nous sommes ici-bas des oiseaux de passage,
Et quand le long sommeil vient nous fermer les yeux,
Nous prenons notre essor vers le séjour des cieux.

—P.-T. Gontard.

46. L'ENFANT ET LE PETIT OISEAU.

L'ENFANT.

Petit oiseau, viens avec moi ;
Vois ta cage si bien posée,
Ces fruits que j'ai cueillis pour toi,
Ces fleurs humides de rosée.

L'OISEAU.

Petit enfant, je vis heureux,
Etre libre est ma seule envie ;
Mon petit nid me plaît bien mieux
Que la cage la plus jolie.

L'ENFANT.

Petit oiseau, le doux printemps
Ne dure pas toute l'année ;
Que feras-tu lorsque les vents
Auront dépouillé la ramée ?

L'OISEAU.

Vers le Midi je chercherai
Plus beau climat, plus vert feuillage ;
Puis au printemps je reviendrai
T'amuser de mon doux ramage.

L'ENFANT.

Pauvre petit, qui te dira
Le droit chemin que tu dois suivre ?
Sur les mers qui te conduira ?
Reste avec moi si tu veux vivre.

L'OISEAU.

Enfant, je saurai préférer
Le plus grand péril à la chaîne ;
D'ailleurs je ne puis m'égarer :
Dieu me conduit et me ramène.

Mlle DE CHABAUD-LATOUR.

47. LA NUIT.

Au vallon tout est sombre ;
Pour faire place à l'ombre
Déjà le jour s'enfuit ;
Les oiseaux sous l'ombrage
Ont cessé leur ramage :
   Voici la nuit.

Rentrons dans la chaumière
De notre bonne mère ;
La lampe déjà luit.
Elle attend sa famille
Près du foyer qui brille :
   Voici la nuit.

Donne ta main, mon frère !
Le long de la clairière
Nous marcherons sans bruit.
Cette belle journée
S'est trop vite écoulée :
   Voici la nuit.

Bientôt notre bon père
Nous fera la prière ;
Prions bien avec lui !
Le sommeil salutaire
Fermera ma paupière :
   Viens, douce nuit !

48. L'ENFANT ET LE MIROIR.

Un enfant, élevé dans un pauvre village,
Revint chez ses parents, et fut surpris d'y voir
Un miroir.
D'abord il aima son image ;
Et puis, par un travers bien digne d'un enfant,
Et même d'un être plus grand,
Il veut outrager ce qu'il aime,
Lui fait une grimace et le miroir la rend.
Alors son dépit est extrême ;
Il lui montre un poing menaçant,
Il se voit menacé de même.
Notre marmot fâché s'en vient, en frémissant,
Battre cette image insolente ;
Il se fait mal aux mains. Sa colère en augmente ;
Et, furieux, au désespoir,
Le voilà devant le miroir,
Criant, pleurant, frappant la glace.
Sa mère qui survient le console, l'embrasse,
Tarit ses pleurs et doucement lui dit :
« N'as-tu pas commencé par faire la grimace
A ce méchant enfant qui cause ton dépit ? —
Oui. — Regarde à présent : tu souris, il sourit ;
Tu tends vers lui les bras : il te les tend de même ;
Tu n'es plus en colère : il ne se fâche plus.
De la société tu vois ici l'emblème :
Le bien, le mal nous sont rendus. »

FLORIAN.

49. LE MAITRE ET L'ÉCOLIER.

« Qu'il fait sombre, dans cette classe !
Rien qu'un mur gris, un tableau noir,
Et puis toujours la même place,
Et toujours le même devoir !
Toujours, toujours ce même livre,
Et toujours ce même cahier !
Peut-on appeler cela vivre ?
Moi je l'appelle s'ennuyer ! »
Ainsi parlait, dans son école,
Un petit écolier mutin.
Le maître alors prit la parole,
Et lui dit : « Quoi ! chaque matin,
Toujours de cette même chaire
Répéter la même leçon,
Enseigner la même grammaire
A ce même petit garçon
Qui reste toujours, quoi qu'on fasse,
Ignorant, distrait, paresseux !
Lequel devrait, dans cette classe,
S'ennuyer le plus de nous deux ?
Tu le vois, l'élève et le maître
Ont chacun son joug à charger,
Mon enfant ; mais veux-tu connaître
Le vrai moyen de l'alléger ?
Accepte-le du Seigneur même,
En le portant pour le servir ;
Aime ton maître comme il t'aime :
C'est tout le secret d'obéir ! »

L. TOURNIER.

50. LE NID DE FAUVETTE.

Je le tiens, ce nid de fauvette :
Ils sont deux, trois, quatre petits !
Depuis si longtemps je vous guette,
Pauvres oiseaux, vous voilà pris !

Criez, sifflez, petits rebelles,
Débattez-vous, oh ! c'est en vain.
Vous n'avez pas encor vos ailes ;
Comment vous sauver de ma main ?

Mais quoi ! n'entends-je point leur mère
Qui pousse des cris douloureux ?
Oui, je le vois, oui c'est leur père
Qui vient voltiger autour d'eux.

Ah ! pourrais-je causer leur peine,
Moi qui, l'été, dans ces vallons,
Venais m'endormir sous un chêne,
Au bruit de leurs douces chansons ?

Hélas ! si du sein de ma mère
Un méchant venait me ravir,
Je le sens bien, dans sa misère,
Elle n'aurait plus qu'à mourir.

Et je serais assez barbare
Pour vous arracher vos enfants ?

Non, non, que rien ne vous sépare,
Non, les voici, je vous les rends.

Apprenez-leur dans le bocage
A voltiger auprès de vous :
Qu'ils écoutent votre ramage
Pour former des sons aussi doux.

Et moi, dans la saison prochaine,
Je reviendrai dans ces vallons,
Dormir quelquefois sous un chêne,
Au bruit de leurs jeunes chansons.

Berquin.

51. LA PETITE MENDIANTE.

C'est la petite mendiante
Qui vous demande un peu de pain ;
Donnez à la pauvre innocente,
Donnez, donnez, car elle a faim ;
Ne rejetez pas ma prière ;
Votre cœur vous dira pourquoi :
J'ai six ans, je n'ai plus de mère,
J'ai faim, ayez pitié de moi.

Hier, c'était fête au village ;
A moi personne n'a songé.
Chacun dansait sous le feuillage,
Hélas ! et je n'ai pas mangé,

Pardonnez-moi si je demande,
Je ne demande que du pain,
Du pain, je ne suis pas gourmande ;
Ah ! ne me grondez pas : j'ai faim.

N'allez pas croire que j'ignore
Que dans ce monde il faut souffrir ;
Mais je suis si petite encore,
Ah ! ne me laissez pas mourir.
Donnez à la pauvre petite,
Et pour vous comme elle priera !
Elle a faim ; donnez, donnez vite,
Donnez, quelqu'un vous le rendra.

Si ma plainte vous importune,
Eh bien ! je vais rire et chanter ;
De l'aspect de mon infortune
Je ne dois pas vous attrister.
Quand je pleure, l'on me rejette ;
Chacun me dit : « Eloigne-toi. »
Ecoutez donc ma chansonnette ;
Je chante, ayez pitié de moi.

Boucher de Perthes.

52. LES OISEAUX DU CIEL.

Que je voudrais comprendre,
Oiseaux, vos chants si doux,

Et toujours les entendre !
Oiseaux, que dites-vous ?

— Nous chantons le bocage,
Et les monts, et les fleurs ;
Et notre doux ramage
Est l'écho de nos cœurs.

— Dites, qui vous inspire,
Habitants des buissons ?
D'où vient que tout respire
La joie en vos chansons ?

— Sur la branche légère
Ne vois-tu pas les nids,
Où, gardés par leur mère,
S'endorment nos petits ?

— En jouant sous l'ombrage,
Hélas ! pauvres petits,
Les enfants du village
Vont découvrir vos nids.

— Ah ! pour nous point de crainte :
Vois ce feuillage épais,
Qui peut de leur atteinte
Préserver nos palais.

— Craignez, oiseaux volages,
Encor d'autres malheurs !
La faim et les orages,
Et le plomb des chasseurs !

— Non , Dieu qui nous protége ,
Nous , ses petits oiseaux,
De la faim et du piége
Garde les passereaux.

C. Lami.

53. LES QUATRE SAISONS.

Quand vous cueillez la primevère ,
En regardant l'onde s'enfuir,
Mes enfants, vous ne pensez guère
A l'hiver qui doit revenir.

Le temps s'écoule encor plus vite,
Disait le pasteur du hameau ;
Le cours des ans nous précipite
Vers la vieillesse et le tombeau.

De votre âge brillant emblème ,
Le beau printemps a disparu ;
L'été, l'automne ont fui de même;
L'hiver à son tour est venu.

L'hiver , stérile et monotone,
N'aurait pour nous que des glaçons ,
Si le printemps , l'été, l'automne,
Ne l'enrichissaient de leurs dons.

Par eux il est dans l'abondance
Des biens que la terre a produits.

Voulez-vous que votre existence
Ait toujours des fleurs et des fruits ?

Instruisez-vous, priez sans cesse ;
Du vice craignez le poison ;
Demandez à Dieu la sagesse ,
Comme le jeune Salomon.

54. LE MATIN DES OISEAUX.

Quand l'aurore vermeille
A brillé dans les cieux ,
Le jeune oiseau s'éveille
Et chante tout joyeux.
C'est la douce prière ,
   Qu'il sait offrir
A Dieu , dont la lumière ,
   Vient le ravir.

Secouant de son aile
Le plumage léger ,
Du bec il le démêle
Et sait le nettoyer ;
Sa toilette il achève
   Diligemment,
Puis dans les airs s'élève
   Propre et content.

Ce que sait ainsi faire
Un tout petit oiseau,
Près du nid de sa mère,
Au sommet de l'ormeau.
L'enfant docile et sage,
   Sans hésiter,
Doit avoir le courage
   De l'imiter.

Qu'à son réveil il prie
Dieu, qui veilla sur lui,
Et qu'il le remercie
De son céleste appui.
L'oiseau, qui n'a pas d'âme,
   Chante au Seigneur;
L'enfant, que Dieu réclame,
   Lui doit son cœur.

55. L'ÉCOLE DU DIMANCHE.

Philippe, dis-moi, je te prie,
Où tu vas d'un air si joyeux?
Vas-tu sauter dans la prairie,
Avec nos compagnons de jeux?
— Non, Charles, je vais à l'école.
— Le dimanche! plaisantes-tu?
— Nullement, crois-moi sur parole!
Viens-y plutôt!

                — Est-on battu?

— Oh ! jamais !

    — Ah ! Pour quel usage
Ce livre que ta main soutient ?
— J'apprends, pour devenir bien sage,
Les bonnes leçons qu'il contient.
— Que dit-il ?

    — Il dit qu'il faut vivre
Pour aimer Dieu d'un pur amour ;
Il trace le chemin à suivre
Pour arriver au ciel un jour.
— Vraiment !

    — Vraiment !

      — Mais à l'école !
De quoi donc vous occupez-vous ?
— Nous lisons la sainte Parole,
Et le maître prie avec nous ;
Puis nous chantons de beaux cantiques.
Si tu savais qu'on est content !
— Si c'est comme tu me l'expliques,
Partons ! je te suis à l'instant.

Enfants, imitez cet exemple !
Quand vient le saint jour du Seigneur,
Joyeux, rendez-vous dans son temple
Pour l'adorer avec ferveur !
Jésus, votre ami, votre maître,
Vous tend les bras du haut des cieux :
 Allez apprendre à le connaître,
 Allez ! et vous serez heureux !

P.-T. GONTARD,

56. L'ÉCOLIER.

I

Un tout petit enfant s'en allait à l'école.
On avait dit : allez ! Il tâchait d'obéir ;
Mais son livre était lourd ; il ne pouvait courir :
Il pleure et suit des yeux une abeille qui vole.
« — Abeille ! » lui dit-il, « voulez-vous me parler ?
Moi, je vais à l'école ; il faut apprendre à lire.
Mais le maître est tout noir et je n'ose pas rire.
Voulez-vous rire, abeille, et m'apprendre à voler ? »
« — Non, » dit-elle, « j'arrive et je suis très-pressée.
J'avais froid, l'aquilon m'a longtemps oppressée,
Enfin j'ai vu des fleurs ; je redescends du ciel,
Et je vais commencer mon doux rayon de miel.
Voyez ! j'en ai déjà puisé dans quatre roses ;
Avant une heure encor nous en aurons d'écloses.
Vite, vite à la ruche. On ne rit pas toujours :
C'est pour faire le miel qu'on nous rend les beaux jours.»
Elle fuit et se perd sur la route embaumée.
Le frais lilas sortait d'un vieux mur entr'ouvert ;
Il saluait l'aurore, et l'aurore charmée
Se montrait sans nuage et riait de l'hiver.

II

Une hirondelle passe ; elle offense la joue
Du petit nonchalant, qui s'attriste et qui joue,

Et dans l'air suspendue, en redoublant sa voix,
Fait tressaillir l'écho qui dort au fond des bois.
— « Oh ! bonjour, » dit l'enfant qui se souvenait d'elle.
« Je t'ai vue à l'automne ; oh ! bonjour, hirondelle !
Viens ; tu portais bonheur à ma maison, et moi
Je voudrais du bonheur : veux-tu m'en donner, toi ?
Jouons ! » — « Je le voudrais, » répond la voyageuse ;
« Car je respire à peine, et je me sens joyeuse.
Mais j'ai beaucoup d'amis qui doutent du printemps ;
Ils rêveraient ma mort, si je tardais longtemps.
Oh ! je ne puis jouer. Pour finir leur souffrance,
J'emporte un brin de mousse, en signe d'espérance.
Nous allons relever nos palais dégarnis :
L'herbe croît, c'est l'instant des amours et des nids.
J'ai tout vu. Maintenant, fidèle messagère,
Je vais chercher mes sœurs là-bas sur le chemin.
Ainsi que nous, enfant, la vie est passagère,
Il faut en profiter. Je me sauve : à demain. »
L'enfant reste muet, et, la tête baissée,
Rêve, et compte ses pas pour tromper son ennui,
Quand le livre importun, dont sa main est lassée,
Rompt ses fragiles nœuds et tombe auprès de lui.

III

Un dogue l'observait du seuil de sa demeure.
Stentor, gardien sévère et prudent à la fois,
De peur de l'effrayer retient sa grosse voix.
Hélas ! peut-on crier contre un enfant qui pleure ?
— « Bon dogue, voulez-vous que je m'approche un peu ? »
Dit l'écolier plaintif ; « je n'aime pas mon livre.

Voyez ! ma main est rouge : il en est cause. Au jeu
Rien ne fatigue ; on rit et moi je voudrais vivre
Sans aller à l'école , où l'on tremble toujours.
Je m'en plains tous les soirs et j'y vais tous les jours.
J'en suis très-mécontent ; je n'aime aucune affaire ;
Le sort d'un chien me plaît , car il n'a rien à faire. »
— « Ecolier, voyez-vous ce laboureur aux champs?
Eh bien! ce laboureur, » dit Stentor, « c'est mon maître :
Il est très-vigilant , je le suis plus, peut-être :
Il dort la nuit, et moi j'écarte les méchants;
J'éveille aussi ce bœuf , qui d'un pied lent , mais ferme ,
Va creuser les sillons quand je garde la ferme.
Pour vous-même on travaille, et grâce à nos brebis,
Votre mère en chantant vous file des habits.
Par le travail tout plaît , tout s'unit, tout s'arrange.
Allez donc à l'école, allez , mon petit ange ;
Les chiens ne lisent pas, mais la chaîne est pour eux :
L'ignorance toujours mène à la servitude ;
L'homme est fin... L'homme est sage : il nous défend
                                                      [l'étude.
Enfant, vous serez homme et vous serez heureux ;
Les chiens vous serviront. » L'enfant l'écouta dire ,
Et même il le baisa. Son livre était moins lourd.
En quittant le bon dogue , il pense, il marche, il court ;
L'espoir d'être homme un jour lui ramène un sourire.
A l'école, un peu tard, il arriva gaîment ,
Et dans le mois des fruits il lisait couramment.

Mme DESBORDES-VALMORE.

57. LES DIX FRANCS D'ALFRED.

I

                    Alfred était, je pense,
Un enfant tel que vous, ayant huit à neuf ans.
Bien, bien riche, il avait dans sa bourse dix francs,
Dix francs beaux et tout neufs ! C'était la récompense
Donnée à sa sagesse, à ses petits travaux,
Ce qui rendait encor ces dix francs-là plus beaux.
Mais l'idée arriva d'en chercher la dépense ;
   Car c'eût été vilain de les garder toujours.
L'argent qui ne sert pas est sans valeur aucune ;
Le point est de savoir lui donner un bon cours.
On avait fait Alfred maître de sa fortune ;
Tantôt il la voyait en beau cheval de bois...
Tantôt c'était un livre... Un livre... Alors sa mère
Souriait de plaisir sans l'aider toutefois,
Lui laissant tout l'honneur de ce qu'il allait faire.
Sur un livre son choix à la fin se fixa...
C'était un jour d'hiver, quand la neige et le givre,
Des arbres effeuillés blanchissent les rameaux,
Quand vous, heureux enfants, dans de larges manteaux,
Dans de bons gants fourrés du froid on vous délivre.
Alfred courait joyeux pour acheter son livre.
Mais voici, tout à coup, qu'il s'arrête surpris...
Deux enfants étaient là, tels, hélas ! qu'à Paris,
Si souvent on en voit sur les ponts de la Seine.

Dans les bras l'un de l'autre ils étaient enlacés ;
L'un, de son petit frère, avec sa froide haleine,
Cherchait à réchauffer les pauvres doigts glacés.
Ils grelottaient bien fort, car leurs habits percés
Presqu'à nu les laissaient étendus sur la pierre.
Tournant vers les passants un regard de prière,
Ensemble ils répétaient : « J'ai grand froid, j'ai grand'
[faim. »
Mais les riches passaient sans leur donner du pain ;
Et leurs yeux se gonflaient, et puis de grosses larmes
Roulaient dans leur paupière et sillonnaient leur sein.
Certes, vous eussiez pris pitié de leurs alarmes.

II

Or, vers le petit pauvre Alfred porta ses pas...
— Pourquoi, dit-il, tous deux restez-vous dans la neige ?
Vous n'avez donc pas, vous, de maman comme moi
Qui vous donne du pain, du feu, qui vous protége ?
Oh ! nous en avons une aussi, Monsieur...
— Mais pourquoi vous laisser, sans elle ou votre bonne,
Les pieds nus sur la terre ? Elle n'est donc pas bonne,
Votre maman à vous ? — Si fait, elle avait faim,
Elle nous a donné ce qu'elle avait de pain.
Et voilà deux grands jours, hélas ! qu'elle est couchée.
Comme il ne restait plus chez nous une bouchée,
Elle nous embrassa, disant : « Pauvres petits,
Allez et mendiez ! » et nous sommes sortis.
Et nous sommes venus nous coucher sur la pierre :
Et personne, ô mon Dieu, n'entend notre prière ;

Et voilà que bientôt mon frère va mourir,
Car le froid, car la faim nous ont tant fait souffrir !
— Vous n'avez donc pas, vous, reprit Alfred, un père
Qui donne tous les jours de l'or à votre mère ?
Le pauvre enfant se prit à sangloter plus fort.
— Hélas ! répondit-il, notre père... il est mort...
Il est mort, et c'est lui qui nous faisait tous vivre !
Alfred, pleurant aussi, ne songea plus au livre,
Et dans la main du pauvre il glissa ses dix francs.
Sa mère le saisit dans ses bras triomphants
Et lui dit : « Mon Alfred, un livre pour apprendre,
C'était déjà bien beau ; mais tu m'as fais comprendre,
Mon fils, que mieux encore est de donner du pain
A ceux qui vont mourir du froid et de la faim. »

A GUÉRIN.

58. LE COLPORTEUR VAUDOIS (1).

Oh ! regardez, ma noble et belle dame,
Ces chaînes d'or, ces joyaux précieux.
Les voyez-vous, ces perles dont la flamme
Effacerait un éclair de vos yeux ?
Voyez encor ces vêtements de soie
Qui pourraient plaire à plus d'un souverain.

(1) Des vallées protestantes du Piémont.

Quand près de vous un heureux sort m'envoie,
Achetez donc au pauvre pèlerin !

La noble dame, à l'âge où l'on est vaine,
Prit les joyaux, les quitta, les reprit,
Les enlaça dans ses cheveux d'ébène ;
Se trouva belle, et puis elle sourit.
— « Que te faut-il, vieillard ? des mains d'un page
Dans un instant tu vas le recevoir.
Oh ! pense à moi, si ton pèlerinage,
Te reconduit auprès de ce manoir. »

Mais l'étranger, d'une voix plus austère,
Lui dit : « Ma fille, il me reste un trésor
Plus précieux que les biens de la terre,
Plus éclatant que les perles et l'or.
On voit pâlir aux clartés dont il brille
Les diamants dont les rois sont épris.
Quels jours heureux luiraient pour vous, ma fille,
Si vous aviez ma *perle de grand prix !* »

— « Montre-la-moi, vieillard, je t'en conjure ;
Ne puis-je pas te l'acheter aussi ? »
Et l'étranger, sous son manteau de bure,
Chercha longtemps un vieux livre noirci.
— « Ce bien, » dit-il, « vaut mieux qu'une couronne ;
Nous l'appelons la *Parole de Dieu.*
Je ne vends pas ce trésor, je le donne ;
Il est à vous : le ciel vous aide ! Adieu ! »

Il s'éloigna. Bientôt la noble dame
Lut et relut le livre du Vaudois.

La vérité pénétra dans son âme,
Et du Sauveur elle comprit la voix ;
Puis, un matin, loin des tours crénelées,
Loin des plaisirs que le monde chérit,
On l'aperçut dans les humbles vallées
Où les Vaudois adoraient Jésus-Christ.

G. DE FÉLICE.

59. L'ORPHELINE.

Où donc vas-tu, les yeux baignés de larmes ?
Pourquoi, ma fille, errer sur des tombeaux ?
A son matin la vie a tant de charmes ;
Un jeune cœur a des rêves si beaux !
— « Plains, étranger, plains ma douleur amère :
Depuis douze ans mon père dort ici ;
Depuis deux jours y repose ma mère...
Ah ! que ne puis-je y reposer aussi ! »

— « Dieu l'a voulu ! c'est un Dieu qui nous aime ;
Courbe ton front sous sa puissante main !
C'est un doux maître ; et sa bonté suprême
Frappe aujourd'hui pour nous guérir demain.
Ne pleure pas, ma chère enfant, espère !
Dans tes malheurs il sera ton appui ;
Seul, il tient lieu d'une mère et d'un père
Aux orphelins qui s'attendent à lui. »

Vœux superflus ! la jeune infortunée
De l'étranger n'entend pas les discours.
Sur un cercueil elle s'est prosternée ,
Et de ses yeux des pleurs tombent toujours !
— « Devais-tu donc m'être sitôt ravie ?
Adieu , ma mère , il faut nous séparer ;
Mais , loin de toi , que faire de ma vie ?
Je vais , hélas ! lentement expirer. »

— « As-tu prié , ma fille ? La prière ,
Baume céleste , adoucit tous les maux. »
— « Oui , j'ai prié ; mais , froid comme la pierre ,
Mon cœur aigri murmurait de vains mots. »
— « Essaie encore : le Dieu qui nous rassemble
Nous a promis d'être avec deux ou trois.
Devant son trône , inclinons-nous ensemble ,
De nos deux cœurs il entendra la voix :

« Prends pitié , Dieu du ciel , de la triste orpheline ;
    Sèche ses pleurs amers ,
Toi qui peux transformer en riante colline
    Les plus sombres déserts !

Que son âme , colombe échappée au déluge ,
    Apprenne à te bénir ,
Et qu'elle trouve en toi son guide et son refuge ,
    Sa paix , son avenir !

L'étranger prie , et déjà plus paisible ,
De l'infortune elle sent moins les coups ;
Déjà l'espoir , comme un ange invisible
Montre à son cœur un avenir plus doux.

3

Et quand revint la saison printanière,
Au même lieu se retrouvant un jour :
— « Dieu, » disait-elle, « a béni ta prière
Et j'ai connu qu'il est le Dieu d'amour. »

G. de Félice.

60. L'OISEAU PRISONNIER.

Enfant, vous avez pris un oiseau dans un champ,
Et vous voilà joyeux, et vous criez victoire !
Et le pauvre petit, dans une cage noire,
Se plaint, et vous prenez sa plainte pour un chant.

Depuis longtemps déjà votre désir l'assiége ;
En écoutant sa voix qui trahissait son vol,
Vous vous couchiez, tremblant, tout au long sur le sol,
Pour qu'il ne vous vît pas et qu'il se prît au piége.

Il va vous amuser ainsi jusqu'à demain,
Et pour ce court plaisir vous lui coupez les ailes,
Tout en l'emprisonnant entre ces barreaux grêles
Pour qu'il ne vole pas plus haut que votre main.

Et vous le regardez ainsi, depuis une heure,
Meurtrir son petit bec dans son étroit cachot,
Courir aux quatre coins, voler de bas en haut,
Avec le cri plaintif de toute âme qui pleure.

Et pourtant vous semez sa cage de muguets
Et de toutes les fleurs ses anciennes compagnes ;

Mais cela ne vaut pas l'air des vastes campagnes
Et les chansons du soir dans le fond des bosquets.

Vous ne savez donc pas, enfant, quel saint mystère
En becquetant partout remplit l'oiseau pieux ?
Les petits sont dans l'arbre au fond du nid joyeux ;
Pour vous, c'est un oiseau ; mais pour eux c'est un père.

C'est un père aussi bon que votre père, enfant,
Instruisant ses petits à voler dans l'espace,
A louer le Seigneur pour chaque jour qui passe,
Et leur donnant toujours ses conseils dans un chant.

Il descend le matin du nid de mousse frêle
Pour prendre un peu de blé qu'il leur porte là-haut,
Pour les faire grandir, puis afin que bientôt
Leur cri devienne un chant et leur duvet une aile.

Le plus petit oiseau, le Seigneur le bénit !
Il lui donne le blé que le moissonneur jette ;
Et comme il pense à tous, le Dieu bon, il émiette
Un peu de son amour dans le plus humble nid.

Or, quand votre captif, qui crie et vous évite,
S'arrête en écoutant, c'est qu'il entend la voix
Des petits qu'il laissa dire du fond des bois :
« Nous allons tous mourir, si tu ne reviens vite. »

Car ne recevant pas ce qu'il doit lui porter,
La mère reste au nid, inquiète et fidèle,
Et malgré son amour et l'abri de son aile,
Tous ses petits mourront sans avoir pu chanter !

Ecoutez donc l'oiseau , respirez donc la rose ,
Sans les prendre à la plaine , à l'air pur , au ciel bleu ;
Car toujours notre main à ce que créa Dieu ,
Même en le caressant , enlève quelque chose.

Alexandre Dumas fils.

61. LE COIN DU GRAND-PÈRE.

Ce coin près du foyer, c'est le coin du grand-père.
C'est là , je m'en souviens, qu'il aimait à s'asseoir,
Les pieds sur les chenêts, dans sa vieille bergère ,
Là qu'il lisait le jour et sommeillait le soir.

Je crois le voir encor. Sa tête , couronnée
De beaux cheveux blanchis par l'âge et le chagrin ,
Se penchait en avant , doucement inclinée ;
Son visage était grave à la fois et serein.

Son cœur était ouvert à tous. On pouvait lire
Le calme sur son front , la bonté dans ses yeux ;
Et lorsque sur sa bouche il passait un sourire ,
On croyait voir briller comme un rayon des cieux.

Puis , il était si bon pour moi ! — Dès que décembre ,
Neigeux, humide et froid , me fermait le jardin ,
Souvent à ses côtés je jouais dans la chambre :
Vénérable grand-père et petit-fils mutin !

Je vous laisse à penser le tapage et la fête ,
Quand le ronfle à mon gré sifflait sur le plancher,

Quand mes soldats de plomb, rangés tambour en tête,
Sous mon commandement semblaient prêts à marcher.

— Regarde donc ! regarde, oh ! regarde, grand-père !
Il souriait, et moi, m'excitant, par des cris,
Au combat, d'un seul coup je culbutais à terre
Tous ces pauvres soldats disloqués et meurtris !

Puis, lorsque j'étais las de jouer : — Une histoire,
Grand-père ! — et me voilà sur ses genoux assis.
Lui cherchait un moment dans sa vieille mémoire,
Et, me baisant au front, commençait ses récits.

C'étaient des souvenirs de l'enfance lointaine,
Ou bien quelque beau conte, un conte d'autrefois,
Terrible... et j'écoutais, ne respirant qu'à peine,
Mon oreille et mon cœur suspendus à sa voix !

Souvent, dans la veillée, il prenait son gros livre :
— Un vieillard, disait-il, est l'ami du vieillard, —
Et tandis qu'il ouvrait ses deux fermoirs de cuivre,
Un céleste bonheur animait son regard.

Les mains jointes, le front recueilli, son visage
Reflétait tout son cœur, ce cœur humble et pieux,
Et rarement son doigt tournait la sainte page,
Sans qu'une douce larme y tombât de ses yeux !

Ainsi Dieu le reprit lisant sa vieille Bible !
Un soir, je l'appelais, le croyant endormi...
Il n'était plus : la mort, comme un sommeil paisible,
L'avait couché, serein, auprès de son ami !

Maintenant, son fauteuil est vide. Le grand-père
Ne viendra plus jamais s'asseoir au coin du feu !
Mais sa place est meilleure au ciel que sur la terre ;
Il ne nous a quittés que pour aller à Dieu !

L. TOURNIER.

62. LE DÉPART DU PETIT SAVOYARD.

Pauvre petit, pars pour la France.
Que te sert mon amour ? Je ne possède rien.
On vit heureux ailleurs ; ici, dans la souffrance.
Pars, mon enfant, c'est pour ton bien.

Tant que mon lait put te suffire,
Tant qu'un travail utile à mes bras fut permis,
Heureuse et délassée en te voyant sourire,
Jamais on n'eût osé me dire :
Renonce aux baisers de ton fils.

Mais je suis veuve ; on perd sa force avec la joie.
Triste et malade, où recourir ici ?
Où mendier pour toi ? Chez des pauvres aussi !
Laisse ta pauvre mère, enfant de la Savoie ;
Va, mon enfant, où Dieu t'envoie.

Mais si loin que tu sois, pense au foyer absent ;
Avant de le quitter, viens, qu'il nous réunisse.
Une mère bénit son fils en l'embrassant :
Mon fils, qu'un baiser te bénisse.

Vois-tu ce grand chêne, là-bas ?
Je pourrai jusque-là t’accompagner, j’espère.
Quatre ans déjà passés, j’y conduisis ton père ;
　Mais lui, mon fils, ne revint pas.

Encor, s’il était là pour guider ton enfance,
Il m’en coûterait moins de t’éloigner de moi ;
Mais tu n’as pas dix ans, et tu pars sans défense...
　Que je vais prier Dieu pour toi !...

Que feras-tu, mon fils, si Dieu ne te seconde ?
Seul, parmi les méchants (car il en est au monde),
Sans ta mère, du moins, pour t’apprendre à souffrir...
Oh ! que n’ai-je du pain, mon fils, pour te nourrir !

Mais Dieu le veut ainsi : nous devons nous soumettre ;
　Ne pleure pas en me quittant.
Porte au seuil des palais un visage content.
Parfois mon souvenir t’affligera peut-être...
Pour distraire le riche, il faut chanter pourtant.

Chante, tant que la vie est pour toi moins amère ;
Enfant, prends ta marmotte et ton léger trousseau ;
Répète, en cheminant, les chansons de ta mère,
Quand ta mère chantait autour de ton berceau.

Si ma force première encor m’était donnée,
J’irais, te conduisant moi-même par la main ;
Mais je n’atteindrais pas la troisième journée ;
Il faudrait me laisser bientôt sur ton chemin ;
Et moi je veux mourir aux lieux où je suis née.

Maintenant de ta mère entends le dernier vœu :
Souviens-toi, si tu veux que Dieu ne t'abandonne,
Que le seul bien du pauvre est le peu qu'on lui donne.
Prie, et demande au riche : il donne au nom de Dieu ;
Ton père le disait ; sois plus heureux : adieu.

Mais le soleil tombait des montagnes prochaines ;
Et la mère avait dit : Il faut nous séparer ;
Et l'enfant s'en allait à travers les grands chênes,
Se tournant quelquefois, et n'osant pas pleurer.

63. LE PETIT SAVOYARD A PARIS.

J'ai faim : vous qui passez, daignez me secourir.
Voyez : la neige tombe, et la terre est glacée ;
J'ai froid : le vent se lève et l'heure est avancée,
    Et je n'ai rien pour me couvrir.

Tandis qu'en vos palais tout flatte votre envie,
A genoux sur le seuil j'y pleure bien souvent.
Donnez, peu me suffit ; je ne suis qu'un enfant ;
    Un petit sou me rend la vie.

On m'a dit qu'à Paris je trouverais du pain ;
Plusieurs ont raconté dans nos forêts lointaines
Qu'ici le riche aidait le pauvre dans ses peines ;
Eh bien ! moi je suis pauvre et je vous tends la main.

    Faites-moi gagner mon salaire ;
Où me faut-il courir ? Dites, j'y volerai.

Ma voix tremble de froid ; eh bien, je chanterai,
　　Si mes chansons peuvent vous plaire.

　　Il ne m'écoute pas, il fuit ;
Il court dans une fête (et j'en entends le bruit)
　　Finir son heureuse journée.
Et moi, je vais chercher, pour y passer la nuit,
　　Cette guérite abandonnée.

Au foyer paternel quand pourrai-je m'asseoir ?
　　Rendez-moi ma pauvre chaumière,
Le laitage durci qu'on partageait le soir,
Et, quand la nuit tombait, l'heure de la prière,
Qui ne s'achevait pas sans laisser quelque espoir.

Ma mère, tu m'as dit, quand j'ai fui ta demeure :
« Pars, grandis et prospère, et reviens près de moi. »
Hélas ! et tout petit, faudra-t-il que je meure
　　Sans avoir rien gagné pour toi !

　　Non, l'on ne meurt point à mon âge ;
Quelque chose me dit de reprendre courage...
Eh ! que sert d'espérer ? Que puis-je attendre enfin ?
J'avais une marmotte, elle est morte de faim.

Et, faible, sur la terre il reposait sa tête ;
Et la neige, en tombant, le couvrait à demi ;
Lorsqu'une douce voix, à travers la tempête,
Vint réveiller l'enfant par le froid endormi.

　　« Qu'il vienne à moi, celui qui pleure, »
Disait la voix mêlée au murmure des vents ;

« L'heure du péril est mon heure ;
Les orphelins sont mes enfants. »

64. LE RETOUR DU PETIT SAVOYARD.

Avec leurs grands sommets, leurs glaces éternelles,
Par un soleil d'été, que les Alpes sont belles !
Tout, dans leurs frais vallons, sert à nous enchanter :
La verdure, les eaux, les bois, leurs fleurs nouvelles.
Heureux qui sur ces bords peut longtemps s'arrêter !
Heureux qui les revoit, s'il a pu les quitter !

Quel est ce voyageur que l'été leur renvoie,
Seul, loin dans la vallée, un bâton à la main ?
C'est un enfant ; il marche, il suit le long chemin
    Qui va de France à la Savoie.

Bientôt de la colline il prend l'étroit sentier ;
Il a mis ce matin la bure du dimanche,
    Et dans son sac de toile blanche
Est un pain de froment qu'il garde tout entier.

Pourquoi tant se hâter à sa course dernière ?
C'est que le pauvre enfant veut gravir le coteau,
Et ne point s'arrêter qu'il n'ait vu le hameau
    Et n'ait reconnu sa chaumière.

Les voilà !... tels encor qu'il les a vus toujours,
Ces grands bois, ce ruisseau qui fuit sous le feuillage ;

Il ne se souvient plus qu'il a marché dix jours :
    Il est si près de son village !

Tout joyeux, il arrive, il regarde... Mais quoi !
Personne ne l'attend ! Sa chaumière est fermée !
Pourtant du toit aigu sort un peu de fumée ;
Et l'enfant plein de trouble : — Ouvrez, dit-il, c'est moi.

La porte cède ; il entre : et sa mère attendrie,
Sa mère qu'un long mal près du foyer retient,
Se relève à moitié, tend les bras et s'écrie :
    — N'est-ce pas mon fils qui revient?

Son fils est dans ses bras, qui pleure et qui l'appelle :
— Je suis infirme, hélas ! Dieu m'afflige, dit-elle ;
Et depuis quelques jours je te l'ai fait savoir,
Car je ne voulais pas mourir sans te revoir.

Mais lui : — De votre enfant vous étiez éloignée,
Le voilà qui revient ; ayez des jours contents ;
Vivez : je suis grandi, vous serez bien soignée ;
    Nous sommes riches pour longtemps.

Et les mains de l'enfant des siennes détachées,
Jetaient sur ses genoux tout ce qu'il possédait,
Les trois pièces d'argent dans sa veste cachées,
Et le pain de froment que pour elle il gardait.

65. AH! AH! SI J'ÉTAIS PETIT OISEAU.

C'était le plus beau jour de tous les jours d'automne,
Un de ces jours brillants, jours aux mille couleurs,
Où la terre ravie, effeuillant sa couronne,
    Nous jette ses fruits et ses fleurs.

La mère travaillait à la fenêtre assise,
Mère au front gracieux, au regard calme, doux,
Et l'enfant apprenait, en silence et soumise,
    Une leçon sur ses genoux.

Relevant quelquefois sa tête rose et blanche,
Pour sourire au soleil, au splendide horizon,
Elle écoutait l'oiseau qui sautait sur la branche,
    En chantant gaîment sa chanson.

La pauvre mère alors, et bonne et généreuse,
Pour ne pas la gronder, feignait de ne rien voir,
Ou ramenait d'un mot sa chère paresseuse
    Au doux sentiment du devoir.

Que sa voix était tendre et pleine d'indulgence !
« Allons, chère Marie, allons, tu n'apprends pas.
Ton livre déchiré trahit ta négligence ;
    Que vois-tu de si beau là-bas ? »

Elle invitait encor la gentille rêveuse
A reprendre courage, à lire de nouveau,
Quand l'enfant s'écria : — « Que je suis malheureuse !
    Ah ! si j'étais petit oiseau !

Ah ! si j'étais l'oiseau qui toujours saute et chante,
Qui n'a souci de rien, qu'on voit toujours joyeux ;
Si j'étais cet oiseau, que je serais contente,
    Et que mon sort serait heureux !

Plus de livre ennuyeux, plus de leçon sévère ;
Voltiger tout le jour, courir et s'amuser,
Causer avec les fleurs, caresser la bruyère,
    Sur le gazon se reposer.

Toujours nouveau plaisir, toujours nouvelle fête ;
Sous les arbres touffus j'arrêterais mon vol,
Et m'en irais souvent appeler la fauvette,
    Pour rire avec le rossignol.

Tu dis que c'est là-haut qu'on chante les louanges
Que la terre répète en tout temps, en tout lieu ;
J'y volerais aussi pour entendre les anges
    Chanter dans le ciel du bon Dieu.

Sans regrets, sans chagrins, toujours libre et ravie,
Chaque jour le soleil me paraîtrait plus beau ;
Ainsi s'écouleraient les heures de ma vie :
    Ah ! si j'étais petit oiseau ! »

— « Sans doute, chère enfant, cette vie a des charmes ;
Mais elle compte aussi plus d'un jour douloureux,
L'oiseau n'est pas exempt de craintes ni d'alarmes.
    Il est souvent bien malheureux.

Quand l'hiver couvre tout de glace et de tristesse,
Lorsque tu dors, enfant, sous de légers rideaux,

On n'entend plus dans l'air que les cris de détresse
  Poussés par les petits oiseaux.

Oh ! que leur voix alors est touchante et plaintive !
Ils vont mourir de faim, de froid et de douleur,
Car ils n'ont plus de mère, inquiète, attentive,
  Pour les réchauffer sur son cœur.

Plus heureux que l'oiseau, dont la vie est amère,
L'enfant reçoit du ciel un regard plein de feu,
Un cœur intelligent pour comprendre sa mère,
  Une âme pour adorer Dieu.

Regarde celui-ci qui frôle de son aile
Et la branche de l'arbre, et le gazon fleuri ;
Il va nous faire entendre une chanson nouvelle...
  Qu'il est mignon, qu'il est joli ! »

La mère encor parlait, quand soudain l'éclair brille,
Bientôt l'air retentit sous le grand peuplier,
Et l'oiseau qui chantait tombe sous la charmille
  Frappé par le plomb meurtrier !

Il paraît bien joyeux, les airs sont sa patrie !
Sans craindre le péril, sans songer à son sort,
Il chante, court, s'envole et légère est sa vie :
  Demain, peut-être, il sera mort !

On s'élance, on accourt, de terreurs palpitantes :
Hélas ! il est trop tard ! Oh ! le cruel chasseur !
L'oiseau fermait déjà ses paupières mourantes :
  Que de regrets ! que de douleur !

On essaya pourtant de rappeler la vie,
Longtemps on espéra qu'il rouvrirait les yeux :
Tout en le réchauffant, la gentille Marie
    Versa des pleurs bien douloureux !

Elle lui dit tout bas beaucoup de douces choses
(Car l'enfant sut de Dieu comprendre la leçon) ;
Puis on l'ensevelit dans des feuilles de roses,
    Que l'on cacha sous le gazon.

Elle revint alors désolée et pensive,
Le cœur gros de soupirs, rêvant au pauvre oiseau ;
Et puis, sans dire un mot, sérieuse, attentive,
    Elle étudia de nouveau.

Puis, un moment après, elle dit en prière :
« Seigneur ! Seigneur, mon Dieu ! de ton ciel triomphant,
Oh ! conserve toujour un enfant à sa mère,
    Et garde la mère à l'enfant ! »

Mlle ISABELLE RODIER.

FIN.

TABLE DES MATIÈRES.